JN418704

구름나그네

삶과문학 시인선 · 06

고원구 시집

우리책

구름 나그네

초판인쇄 · 2012년 9월 20일
초판발행 · 2012년 9월 30일

지은이 · 고원구
대　표 · 김남석
펴낸이 · 김정옥
발행처 · 우리책
등록 · 2002년 10월 7일(제2~36119호)

주소 · 서울시 강남구 일원동 640-4
전화 · 02-757-6711
전송 · 02-775-8043

책값은 뒤표지에 있습니다.

ISBN 978-89-90392-43-5　03810

▌시인의 말 ▌

봄바람처럼, 노랗게 익은 은행잎처럼, 잘 구워 놓은 고기 토막처럼 아름다움을 나누고 베풀어 주고 싶은데 아직 미흡한 것이 너무 많다.

혼이 살아 있는 삶의 언덕에 희망의 뿌리를 내리고, 창작의 힘이 분수처럼 솟아오를 수 있는 길은 아직 까마득한 것 같다.

변함없이 흐르는 세월과 함께 어깨동무를 하고 차곡차곡 쌓아갈 수 있는 노력을 하겠다는 나와의 약속을 실천에 옮기려고 인내를 저울질하고 있다.

나를 이 자리에 설 수 있게 해주신 선생님, 그리고 사랑하는 가족 나를 알고 있는 모든 분께 한 점 부끄럼 없는 빛이 되려고 계속 노력할 것이다.

사람이란 참 맛과 멋을 아우를 수 있는 그날까지!

사무실 책상머리에서

고 원 구

구름나그네

차례

제2부

제3부

제4부

1부

춘설

주인은 휴가 중인데

대문 밖 백일홍

아침햇살에

부끄러운 듯

눈을 뜨네

해맑은 눈망울마다

하얀 춘설에

숨어 웃듯

소리 없이

풀어내는

향기가 맑다.

푸른 봄빛

푸른 날개를 퍼덕거리는
봄빛
흐트러짐 없이 흐르는
희망을 찾아
비탈길도 거침없다

왼손에는 희망 한 줌
바른손엔 젊음 한 줌 쥐고
당당하게 내어딛는
그 모습

오늘
나는 보았네

잔설 비벼대고
옷깃을 세우는 푸른 봄빛에
젊음이 꽂혀
희망의 불 지피는 것을

따사로운 햇살로
젊음을 불러
오늘도 어제를 디딤돌삼아
내일을 향해하듯 내딛는

희망이 넘치고
젊음이 넘치는
푸른 봄빛의 향기를.

봄맞이

겨우내 얼었지만
여유로운 몸짓으로
봄을 맞아들이자

온정의 샘이
콸콸 솟아오르고
수줍은 봄 향기
넘치는 마음으로 맞아들이자

아픔을 지울 수 있고
진정한 용기로
희망의 뿌리가 내릴 수 있는
준비된 마음으로
기쁘게 받아들이자

하늘하늘한 옷깃에
매무새 곱게
단장을 시키고
새로운 세상을 걸어가는

그 길을 맞아들이자

작은 곳에서
커다란 보람이
피어날 수 있게
정성을 다하여 맞아들이자.

보리밭 밟기

작신작신 밟자
풍년을 밟자

너도 밟고
나도 밟고

보리밭이 풀리는 소리
온몸으로
전율처럼 떨려오네

혹독한 겨울 행진

빛바랜 색깔들

싱그러운
봄 햇살에
해맑게 겹쳐지네.

봄날에는

아침 햇살처럼
도전의 용기가 살아 있어
부딪혀오는 무게 따라
힘이 넘치는 가슴을 열고

파란 잎새마다
반짝이는 아침이슬 빛살처럼
내어딛는 발걸음은 천군만마를
얻은 듯 가볍기만 하도록

등산에 돋아나는
이름 모를 풀들은
한낮 햇살을 받아
몽롱하듯 취해있고

무탈하기만 빌고 있는
아낙네의 간절한 소망을 담은 치성은
초승달이
중천을 벗어날 때까지 이어지는 곳

빛과 빛살을
하나 둘씩
쌓고 또 쌓으며
목마른 입가를 촉촉하게 물들인다

어느 사이 어둠이 밀려오는
길목에서
네온 불빛에 흔들거리는 그림자를 따라
발걸음은 사뿐사뿐
행복한 길을 걷는다.

봄의 연가

잔설 속에 눈을 틔운
나뭇가지마다

지류를 흘러
본류로 향하는
물결의 속삭임이
새 생명을 불러 모은다

낮달은
태양 언저리에서
수줍게 얼굴 붉히며
언 땅을 녹이는데

봄비에
천진난만하게 깨어나는
가녀린 이파리

가슴 찢는
바람결에도

하늘과 땅 사이
또 다른 세상을 만든다.

복숭아

핏줄들의 혼이 담긴
발그스레한
복숭아

끈끈한 정과
땀이
가지마다 맺힌
사랑의 심볼

눈빛과 눈빛으로
웃음 찾고
헤어진 가족과
재회하는 기쁨

좁은 탁자에 모여앉아
이야기 꽃 피우며
서로 다독이는 정분의
복숭아

햇살만큼 익은 얼굴
달빛에 반짝이는 모습
그 낯익은 얼굴들이
여름밤을 익힌다.

초하

입하가 여린 손을 흔들며
떠나갔지만
태양의 따가운 눈총으로
고개가 늘어지며
하품을 쏟아내게 한다

살찐 잎새들은
바람결에 일렁거리고
소나무 이파리에
푸근하게 앉은 한 줌의 바람은
연신 땀방울을 씻는다

연인의 어깨는
고무풍선처럼 부풀어 있고
오묘한 입술은 귓가에 걸려 있다

하얀 민들레 씨눈은
푸른 하늘을 비행하느라 바쁘다

부푼 초하의 사랑
나눔을 펼쳐내는 계절의 풍만함이
칼날 같은 모서리를 돌아
둥글게, 둥글게 만들고 있다.

백일홍

신작로에 늘어진
초록빛 가지마다
여문 살결 헤집고
검붉은 피를 토하듯
엉기정기 엉겨 있네

가여운 등걸에
피붙이 들쳐 업고
백일을 날밤 새우는
가녀린 운명

검은 밤을 짜내어 맺힌
맑은 이슬 머금고
별빛 달빛 받으며
기다림과 그리움에
가슴 졸인 얼굴아

물결에 심경 비춰보듯
애꿎은 꽃잎만

업경 속으로
하나 둘 뒹구는구나.

노을 진 언덕에서

생각하고 또
생각한다

만나고
헤어지는 것과
내가
어디에 서 있든

어디로 가든
항상 함께 한다는 것은
가장 아름답다

기억하면서
남겨둘 수 있는
추억 한 권
우리 모두가
간직할 수 있고

더듬어

볼 수 있는 것은
인생의 의미와
삶의 진실을
추억하는 것이다.

다도해

잿빛 갈매기는
수평선을 넘어와
오동도 난간에 여장을 풀고

진난관 푸른 물결은
옥빛으로
내 가슴에 안겨온다

꿈을 키우던 수줍은 여인
서울은 생각 없고
성소 유적
길라잡이에 입놀림이 바쁘다

잔잔한 파도는
온갖 시름 잊은 듯
먼 그날을 함묵하는 여수

보석 같은 섬 자락마다
희망찬 닻 올려

세계만방 어디에든
나아갈 듯 떠 있고

오직 보국진성만을 실천한
충무공의 기개가
하늘을 움직였던
그날의 함성을 떠 올린다.

칠월

어정어정 거리며
땀 냄새 남겨두고
어물어물 떠나가는
칠월

청포도 알알이
속살 익히며
속으로 얼마나
맑은 눈물 흘렸을까

가던 길
우선멈춤 없이
앞만 보고 내달려
둥둥 팔월
다가서면서

사심 없는 하늘
우러러 보며
웃으며 넘어가는
칠월

장마

달그림자에 밟혀
희미한 구름 사이로
유령처럼 흔들리는
아픔을 읽는다

빽빽한 시가지 너머
방금 심어 놓은
여린 벼 잎의 논바닥

어디라
할 것 없이
무차별 괴성으로
찢어 놓고

아무도
반겨주지 않았는데
장마는
그렇게 할퀴고
잠시 숨을 고른다.

화진포에서

동해안 어귀
한 모롱이 돌아
닻 내린 화진포

내 너를
처음 눈빛 교환할 때
수줍은 듯
파랗게 질려 있어도

그 빛은 잔잔하게
흐르고 있었지

빛 고운
백자에 숨어있는
순정의 신비처럼

화진포 수평선 너머
순결을 담고 다가오던
사랑의 화신

너울은
잔잔하게 일렁이고 있었지
내 따뜻한
가슴을 향하여.

비닐 비옷

날씨가 후덥지근하니
비가 오려나

모 심은 논두렁
참깨 심은 밭두렁
둘러봐야 하는데

드디어 청승맞은 빗줄기가
근심으로 쏟아진다

비닐로 짜맞춘 비옷
너는 나의 동반자
함께
바스락거리며 이야기하며
넘쳐 헐린 물꼬를 고쳐 다지고
눈물이듯 빗물이듯
동무하여 보자꾸나

원망도 쓸어버리고

후회도 지워버리고
너랑 나랑
앞에서 부시럭하면
뒤에서 맞장구치며
동반자로 걸어보자꾸나

행여
가슴이 찢어질까
두렵긴 해도
네 체온으로
내 몸에 빗물이 흐르듯
피가 끓어오른다
사랑이 끓는다.

가을참새

풍년가락
저절로
얼쑤 좋다

소리도
가을하늘마냥
하염없이 맑다

세상 시름은
풍년 가지에
묶어놓고

서로가
다가앉아
짹 짹 짹
야단법석인데

분주한
들녘 일 끝내고

허리 한 번
펼 수 없는 농부

이마에
이슬 같은 구슬땀
꿰차가는 바람

가을 참새는
모르는 척
짹 짹 짹

섣달그믐

귀가 커다랗고
눈이 바알간 묘수의
그림자가 떠날 채비를 한다

그렇게
따갑게 내리쬐던 햇살
태풍 폭우가
동해로 서해로

삼천리금수강산을
모질게 짓밟듯
설왕설래 하더니

연보라 빛 코스모스
여린 향기에 취해
마음 비웠는가보다

은행잎 떨어지는
계단을 밟고

백설이 휘날리는 계절

오랜 지기를 떠나보내듯
육십 년 후
그날을 약속하며
우리 곁에서 멀어지고 있다

2부

고향

고현천 물길 따라
송사리
물방개 잡던
그 예 친구들
실안개처럼
피어오른다

반백인
머리칼
시간은 오후
세 시를 넘어가는데
그 친구들은
지금쯤 어디서
무엇을 할까

자연 앞에서

나는
싱그러운 자연 앞에서
이렇게 말하고 싶다
실천할 수 있는 것만 약속할 것이라고
하루하루 미루어
끝내 하지 못한 이 한마디의 말

나는
이렇게 찬란하게 빛나는
대자연 앞에서
이렇게 하고 싶다
가슴과 마음에서 우러러나오는
이 한마디의 말을

더 이상
가슴 깊이 묻어두었다간
나를 미로 속으로 빠트리게 할 것 같아

나는

다시 한번 용기 내어
한마디의 말을 건네고 있다

나는
당신을
영원히 사랑할 것이라고

어머니

다듬이 소리
구성지게 울려 퍼지듯
맑은 심성

손수 무명옷 매만지며
하시라도 흠집이 생길까
마음으로 살피시며
콧소리로 흥얼거리시던 그 모습
다시 보고 싶네요
가녀린 손으로 궂은일 마다시고
헤쳐오신 삶의 길
어찌 잊어오리까

발길 따라
마음 따라 머무신 곳
손길마다 남겨진 흔적들
환한 미소는
밝은 태양처럼
떠오르고 있네요

하늘처럼 맑은 얼굴
마른 입술로
넌지시 하시던 말씀
나보다 상대를
나를 사랑하듯
더 사랑하라던 말씀
귀에 쟁쟁거리네요

씨앗처럼

어두운 터널 벗어나
내 삶의 청춘
지피우리

여린 싹
강하고 푸르게

병아리가 어미닭이 되고
작은 모래가
황량한 사막을 이루듯

한 방울의 물
틈새로 새어드는
그 땅 그 빛살이
귀하고 고귀하게

황무지 비집어
새로운 싹 잉태한
빛의 사랑스런 향기의 물로
온누리에 심으리라

사랑의 집 · 2

봄날도
휘황찬란한 꽃가마도
아닌

순수하고 또
낮은 자리에서
부드러운 날갯짓으로
잔잔한 물보라가 일어나듯

인생 역정을
굽이굽이 두드려온
아늑한 집

세상사 품에 안고
다정다감한 사람끼리
옹기종기 둘러앉아

서로 마음 나누며
환하게
웃음 짓는 집

연산홍

아버지의 환영이
이른 봄
꽃이 피어오듯
아련히 느껴볼 수 있다

가지마다 움터오는 샛노란 잎새
아버지의 흔적이
아름답게 돋아있다

알싸한 봄 향기가
코끝을 간질이고
솔가지에 앉은 솔바람은
산새들을 불러 모은다

아버지의 혼이 깃든
연산홍 꽃가지에
해맑은 아버지의 웃음소리는
울타리를 지나 부리 후산 계곡으로
울려 퍼지고

시간의 순간을 딛고
찾아온 아버지의 흔적
오늘도 보지 못한 채
그리움만 남겨두고 발길을 옮긴다

삽

아버지의 숨결이 들려온다
내 곁에서
여여 들려오지 않을 거라 생각했던
짧은 나의 소심이 부끄럽다
반듯하게 쥐어볼 수 없었던 삽자루
사무실 옆 작은 텃밭을 일구며
아버지의 체취를 느낀다
자전거에 삽을 매달고
90평생 내 것도 아닌 들판
물길을 보시느라
이리 뛰고 저리 뛰던 모습이
내 가슴을 때리고 있다
한 삽 한 삽 흙을 뜰 때마다
아버지의 숨소리가 들려온다
이순을 훨씬 넘은 지금에야
아버지의 잔잔한 인내를 알았으니
응어리가 가슴에 맺혀
눈시울이 뜨겁게 달아오른다

병상에서 내어뱉던 신음소리
내 어깨에 부축을 받으시고
계단을 오르시던 그 모습
불효한 세월이 그 얼마였을까
아버지 떠나신 지 벌써 3년 상을 올렸으나
남은 건 불효뿐인 걸
언제나 속죄하는 마음으로
하시라도 성냄 없던 인자하신 모습
무슨 삶이 그렇게 가족을 힘들게 하고
아버지를 힘들게 했는지
가난했지만 묵묵하셨던 아버지
남겨주신 삽자루
이제 제가 잡고
아버지의 온기를 느껴봅니다

사랑의 혼

질곡처럼
덮고 있는 어둠
훅훅 불어 버리니

맑은 눈망울에
담겨오는
작은 미소들

사랑과 그리움
그리고
기다림 속에
싹터오는 사랑의
꽃봉오리

저물어가는 하루를
화사한 옷으로
갈아입고
사랑의 혼
꿈틀거리는 전당 속으로

깨어있는 푸른 하늘
커다란 사랑
가슴과 가슴으로 담아온
너와 나

둥지에는

세월의 숲 언저리에
아스라이 피어오른
꽃과 나무

시간의 향기는
바람에 흔들리고
고이 간직한 그대의 눈동자는
사랑을 노래하네

애끓는 가슴속에
젖어드는 한 떨기 초롱꽃
흘러간 시간 속을
더듬고 있지만

면면히 떠오르는
아련한 얼굴, 얼굴들
풀린 내 눈동자에
그림자로 스칠 뿐

둥지를 벗어나려는
삶의 바퀴에
잔잔하게 퍼져오는 햇살은
얇게, 얇게 부서져 내리고 있다

그리운 사람

마음과 마음 속에
걸쳐 있는
어둠 거둬내고
아련하게 밟혀오는
그리운 시간
명경처럼 맑은 우물 속에
우리가 앉아있네

허허로운 시절
가슴을 뜨겁게 했던 열정
서서히 뇌리에 감겨온다

켜켜이 밝아오는
여명 한 자락
어느 사이 푸른 잎새는
황혼으로 물들이고

그리움은 쌓여
양안으로 실안개가 에워싸도

너를 향한
그리운 마음

사막 길
오아시스처럼
애타게 기다린다네

빛과 그림자

삼복더위가 내리쬐는
느티나무 그늘
후줄근한 오정 때
휘늘어진 가지 사이로
울려 퍼지는 가락 한 조각

사막 길
걸어가듯
가슴 저미는
낮 뜨거운 눈빛

멀리 저 멀리로
흘려보내는 짧은 시각에도
여울 물소리는
아련하게 들려오고

자수정에 불을 밝힌
성체의 빛은
푸른 하늘에 낮달 드리우듯

조용한 가슴에
난도질 당한 심장은
빛과 그림자 사이에
열정처럼 달아오른다

갈등

가을비 속에
일그러진 너의
얼굴을 그려 본다

찬란한 옷을 바꿔 입고
나선
나들이 길에
가슴이 무뎌진다

내 곁에 바짝 붙어
그림자처럼 따라온 한기는
하얀 수은등 불빛으로
잔광을 뿌리고

미농지처럼 얇은
마음속에
무엇 하나 듬직하게
간직할 수 있을까

이런 생각
저런 생각
잃어버린 모든 갈등이
빗소리에 사라진다

공든 탑

온몸이 늘어지는 여름
저녁이 허물어지는 걸
아무도
눈치 채지 못하고
그렇게 넘어간다

무엇이 말라비틀어졌나
사막처럼 달구어 놓게

큰맘 먹고 외출하려면
비가 내리는 날이
제격이라

수 겁의 시간이 흐르고
침묵이 깨어 손짓을 해도
누구 한 사람
손잡고 떠나질 못한다

더위에 늘어진

숲 속
모기떼가 극성을 부려도
한 뜸 한 뜸
쌓아올린 공든 탑
언제까지 버텨주려는가

내 곁에서

오붓하게
안겨 온
사랑스런 얼굴

숨김없이
가득 채워온
속 깊은 정

불어도
날리지 않고
꽉 잡아도
깨어지지 않는

커다란
축복으로
안겨 온
내 사랑

미소 짓는

반야처럼
청정한
맑음이어라

부부사랑

폭풍이 휘몰아치고
폭설이
눈을 가려도

태풍이 밀려오듯
줄기차게 퍼붓는 광야

빗줄기가 쏟아지고
뭇사람의
냉대 속에서도

뼈마디마다
시려오는 아픔을
녹여줄 수 있는
사랑

이런 사랑이
돌아앉아도 웃고 있는
부부의
참사랑일 거야

님이시여

곧 오시려는지요?
무심천처럼
버려진 세월 딛고
안개가 걷히고
산수유 노란꽃이
얼굴 내밀 때
돌아오시려는지요?
비구름
바람은 멀리
저 멀리로
멀어져 갈 때
그즈음 오시려는지요?

수저

황홀한 눈망울 속에
마주앉은
너와 나의
빛나는 사랑을
나누어 가질 때
꼭 필요한
힘이 되었네
네가
내 곁을
지켜주어야
난
무엇이든 할 수 있었으니
기쁘고 슬프고
아프고 외로울 때
다정한 온기를
나눠주던 너
황홀한 노을처럼
오늘도
아름다운 입맞춤을 한다

당신

먹구름이 밀려와
나를 괴롭힐 때
당신과 나는
마음으로 감싸안고
사랑했던
그 순간
행복이라는 걸 느꼈지요

마음이 괴로울 때
밖으로만 떠돌던 내 삶에
디딤돌이 되어주고
한 점 부끄럼 없는
이정표가 되어주던 당신
사랑했습니다

갈가리 찢기고
구겨진 삶 그늘에 감추어진
나에게
밝은 빛을 드리운 당신

언제나 부족한 내 인생에
메신저가 되어준 내 사랑
아픔이라는 감옥에서 벗어나
더 아름다운 사랑을 갈구하지 못했지만
그래도
진실의 눈을 뜨고 있는
나의 사랑 받아주오

나의 부족함이 당신을 짓누르고 있을 때
그 고통 얼마였을까
고달픈 언덕 너머
새롭게 피어나는 탐스런 꽃처럼
출발선에서 희망을 안고
다시 한번 뛰어볼래요
용서받을 수 있는 사랑에서
용서할 수 있는 사랑으로
당신을 고이 지켜 갈게요
먼 훗날
참사랑의 추억이 담긴

멋진 사랑의 일기를 남기고
웃음 속에서 떠나야지요

발

가볍지 않는
시간과 세월 속에
쉬어갈 줄 모르는
욕심쟁이

고추잠자리
날아드는 안마당
도리깨질하는 농부의 이마에
송알송알 맺힌 땀방울

먼 먼 눈빛으로
바라만 볼 뿐
쉬어갈 줄 모른다

세월은
에누리가 없다고
푸짐하게 차려놓은
세상 상차림에

침묵으로 바라볼 뿐

시간을 재촉하며
에누리 없는 길을
또 움직이는 발

고향의 숨결

뒷동산 훈풍에
벚꽃은
탐스런 자태로
웃음보 터트리고

지평선 머무는 곳에
점점으로 넘어 온
숲속 아지랑이는
봄의 전령사로 함박웃음 터트린다

청보리 이랑마다
출렁이는 춤사위는
앞산 계곡의 겨울 잔영
눈물을 닦아주고

청아한 봄 햇살
강여울에 아른거릴 때

언덕배기에 앉은

종달새는 한층
높게 날아오른다

한 목소리

어느 모임
어느 단체이건
이야기의 관심사는
동일하다

잘 익은 과일처럼
이야기꽃이 무르익으면
시시비비를 가리지 않고
잘근잘근 씹고
뱉어내기도 한다

바늘과 실처럼
철판 위에 지글거리는
살점처럼

서로 붙어 목소리를 돋운다

생각 없이 상대를 깎아내렸다
올렸다
열정을 쏟다보면

어느 사이
마음에 얽혀
뜨겁게, 뜨겁게
익어진다
입맛을 두드린다

3부

투명

작은
어항 속
금붕어가
수초 사이를
헤집고

옆에 있던
열대어
새침하게
본성을 드러내며
아가미를 물어
긴 터널
수초 사이로
숨어든다

삶의 자루

천연덕스럽게 떠있는 낮달
제 끼를 발산 못해
안달이 났나
두 눈가에 구슬이 맺혔네

동구 밖
한 낮 햇살로 데워진
느티나무는
참새떼 몰아
제 품에 앉히고

거뭇거뭇 밀려오는 석양은
제 둥지를 재촉하는
아이들의 발랄한 발걸음이
정겨운 하루를 담아가고 있다

미루나무 긴 그림자도 지친 듯
산모롱이를 돌아 잠을 청하고
한바탕 시끌벅적하던

세상 정취가 쇠잔해가는 순간

수줍은 달빛 얼굴 내밀어
처연하게 웃음 짓고
적막의 그늘에서
삶에 지친 하루가 저물어간다

세상 바람에 흔들렸던 육신
어둠 속으로 몰렸지만
그 곳은
꿈과 희망을 담는 그 곳이어라

이러할 때

이슬비가 옷깃을
적시는
길 모롱이 돌아설 때

얇게 깔려오는
잔잔한 블루스의 음률
내 가슴을 때리고

진정
당신이 그리워
허공을 헤매일 때

어쩌다
이슬비라도 부슬부슬 내리면
그 비에 젖어

함께 걸었던
추억 속의 그 길을 밟으며
당신의 향기라도

느낄 수 있으려는지
아쉬운 시간만 흐르고 있네요

미소와 사랑

맑은 눈망울에
번지는
작은 미소

그리움과
기다림 속에 핀
사랑의 꽃

저문 하루
천사처럼
나풀대는
내 영혼이
마음을 재운다

질곡처럼
깔려 있는 어둠
훅훅 날려버리고

깨어있는

푸른 하늘에
너와나
커다란 사랑이
번지고 있다.

인연의 자락

길 잃은
사람의 넋을
그대는 보았는가?

창밖에 비춰지는
나무 그림자처럼
지워도 또 지워도
지울 수 없는
인연이라는 자락

바람처럼
소리 없이 찾아와
귓전을 흔들어
인연을 맺은 게
가슴으로 울고 있다

달을 쳐다보며
하소연할수록
빛바랜 추억들이

뇌리에서 깨어나
고삐 풀린 망아지처럼
사랑이라는 다리를 건너려고
몸부림치고 있다.

여인

씨줄 날줄로
뻗은 생명의 향기처럼

천만 년을 웃어넘긴
그윽한 입술

한 송이 꽃처럼
내 몸속

고즈넉이
박힌

네 잔영이
꿈틀거린다

눈
깜박일 때마다

한 올씩

묶여지는 사랑의 노래

봄꽃 향기처럼
가득하게 분사된다.

사람과 사람들

그렇게 무성했던
여름이 떠나고
술 취한 눈에 들어오는
비틀대는 천연 속의 모습들
신뢰와 믿음 속에
별미처럼 무조한 게
사람과 사람의 마음인데
어쩌다 제 이름을 잃고
짓밟으며 우겨대는 한심한 세상 인심
올바른 사람과 사람이라면
한마음으로 아름다움을 쫓아
서로 뜨겁게 사랑했으면
그보다 더 좋은 일은 없을 것인데
참으로 무섭다
그 사람과 그 사람
뇌리에서 지우고 싶다
그믐밤 별처럼
은하수를 건너는 달처럼

틈새마다 찾아드는 햇살처럼
한 목소리로 울려 퍼질 수는 없을까

나는

내 삶의
주체요
내 생명의
혼이 바로 나다

내가
현혹되지 않고
투명한 것만
바라보아야지

최선의 노력은
가슴을 열어놓지만
순간의 방심은
나를
천길 벼랑으로
밀쳐버린다

나는
확실한 나를 찾아

오늘도
내일도 뛰어간다
나의 목덜미를 잡고서

행복이란

행복은
마음대로 팔고 사듯
흥정하는 것이 아니다

자족감이란
아주 헐한 값으로도
아주 비싼 값으로도
살 수 있는 것이 아니다

날마다
사람들은
거짓인 줄
알면서도
행복 아닌 행복에 허망한
투자를 하고 있다

행복은
마음 문을 열면
보이는 곳마다

꽃은 피어있고
열매가 맺힌 것을 볼 수 있다

낮은 곳
높은 곳 할 것 없이
마음을 건네면
슬며시 찾아온 것이
행복이 아닐까

사랑의 손

시린 살 녹이는
꽃바람 봄바람
설레는 가슴

먼 먼 산
휘돌아오는
아지랑이 꽃 잔치

짙은 봄기운은
산 능선에 걸려
피를 토하고

앙다문 입술은
실눈 틔우며
얼어터진 주름을 펴

마음에 묻어놓은
한 줌
사랑의 씨앗

아침 햇살에 풀어

빛과 사랑
자비로운 은혜로
슬픈 눈물 기쁜 눈물이
함께 바다처럼 푸르네.

숨결

사랑이 가득한

애정과
정열이 넘치는

울고 웃던
시간이 흐르는
추억 속에 감미로움

나의 눈빛과
그대 눈빛이
교차할 때
반짝이듯 일어나는

거짓 없고
혐오감 없는 묵시로

기다림과
그리움의 시간이

뼛속까지 사무치듯
들려오는 절절한
당신의 숨결

영원히
나의 곁에서.

행복한 삶

빼치지 마라
남의 눈이 무섭지 않은가

부끄러워하고
겸손할 줄 아는 미덕이
사람 사는 근원이라 했다

사랑과 자비를 나눌 수 있고
네 탓을 내 탓으로
돌릴 있는 용기가
행복한 삶을 얻을 수 있다고 했다

내가 먼저 너를 다독일 줄 알고
서로의 허물을 덮어줄 수 있고
사심과 탐심을 버릴 수 있고
모든 것이
나로부터라고 할 때
내가 나를 알 수 있다

사유할 수 있는 공간에
부드럽게 채워가는
그 모습이
스스로 승리할 수 있는 힘이다

언제나
행복한 삶은
내 마음에서 비롯되니까.

외벽

개울물을 휘젓는
산천어의 몸부림

칼날처럼 날카로운
바위틈에 의지하며
불변의 바람소리에도
망중한을 즐기는
너

가녀린 이파리에
애달픈 눈물이 고여
뚝뚝 뚝 떨어져
천 길 벼랑아래
눈부신 은물결은
물보라로 넘실대고

처음으로 맛본
자유로운 여행
한낮의 졸음마저

잊어버린 너

외벽을 타고
불어오는 바람은
계절을 넘나들며
어루만지고 있네.

공간

내 마음 속

빈 공간이 있어도

누구나 앉을 자리는 없습니다

태어날 때부터

언제까지나

당신을 위한

자리를

비워두었으니까요.

얼음 무지개

얇은 빛이 새어 나온다
얼어붙은 작은 얼음골에서
속으로 스며있는
은빛 피라미의 율동

툭 튀어나온 눈으로
얼음 물살을 헤집고
끝에서 끝을 찾아
분주히 길을 찾는다

햇살에 부딪친
작은 얼음 무지개
피라미 빛으로 덧칠을 한 듯
실핏줄처럼 이어져있다

여울에
아지랑이 하늘거리면
실핏줄에도 살이 오르겠지
얼음골 무지개를 타고서.

네 곁에서

난
너의
너그러운 심성
그 품속으로
돌아가고 싶다

멀어져간
그 길에
허전했던 마음을
주워담아
너에게로 돌아가고 싶다

너의
감칠 맛 나는
목소리에
내 이름을 얹어두고

난
네 곁에서

잊혀져가는
사랑의 꽃길을
함께 거닐며
사랑을 나누고 싶다.

나이테

저 산
빛깔과 같이
울긋불긋하게
익어간다

돌아오는 능선에
젊음을 걸어놓고

주홍 빛깔에
젊은 피가
뚝뚝 떨어진다

헤아릴 수 없는
많은
잎새의 그림자

그 속 깊은 곳까지
점점
익어간다.

이런

슬픈 사연은
밤이슬로 녹이고
창에 비치는
햇살 속으로
그대
정이 그리워
내
속빈 가슴을
채워 봅니다.

철쭉향기로

-친구 보내며

사랑이 너울너울
철쭉꽃 향기 따라
발걸음을 옮기고 있다

입하의 바람은
애시 당초
알고 있는 듯
초록으로 물든
강산을 흔들고 있구나

산허리를 꺾어 도는
계곡마다 밀려드는
사람과 차량들

얼마나 닫힌 가슴이기에
철쭉꽃 향기 따라
떠나가는가
이 친구야

온유하게 풀어놓은
눈언저리 웃음과
사랑이 가득 넘치는데

떠나는 길
즈려밟을 때마다
향기로운 철쭉으로
다시 피어나시게.

금강사

어제도
오늘도
깨어있는 범종소리

금강산성 말발굽 아래
천년의 혼 새겨놓고

등산객
숨소리에
산새 들새
돌아앉아 숨을 죽이는데

파란 하늘
개울물에 앉아
누구를 기다리는가.

4부

명분

주인 없는 능금밭에
주인 행세를 하는 까막까치
새벽부터
햇살이 쏟아지는 정오까지
뭔지도 모를
노래를 불러댄다
기쁜 소식 한 아름씩
안겨주려는
애틋한 마음을 실어
까 악 까악 우는 것일까
절규하듯 토해내는
비탄의 소리
답답한 심사 풀길이 없어
그리도 변함없이
절절히 울어대는가
까 악 까악 하고.

비결

괜찮아
참으로 뱉어내기
어렵다
입 속에서 얼버무려 지기 전에
세상 밖을 찾아
밝은 햇살과 손을 잡아야 하는데
어렵사리 나오지 않는구나

자신의 발걸음이 향하는 곳마다
좋은 것은 보이지 않고
보지 않고
듣지 않고
만나지 않아도 될 것만 볼 수 있다

'괜찮아'라고
부담 없이 마음에서
세상 밖을 음미한다면
나는 내 길을 찾고 싶다

괜찮아
순간, 순간마다
삶의 너그러운 행복이
나를 천길 벼랑에서 건져 올려
내가 바라는 세상
그 길을 걷게 할 것이다.

여행

한로가 지난 이튿날
소슬한 바람을 가슴에 담고
회원들과 함께
관광버스에 몸을 맡겼다
가을을 익히는 코스모스
누렇게 데워진 들판의
이삭들의 지나온 삶을 바라보며
엉덩이를 들썩이고 입방아를 찧어대는
소리, 소리들이
하루를 수놓으려 한다
감나무에 발갛게 얹힌 완숙의 향연
사과나무, 대추나무에 달린
알알의 운명을 말하듯
가을바람은 소리 없이 웃고 있다
가슴을 열고
더 정취를 담으려
눈의 동공은 가까이에서 멀리
더 멀리서 가까이로 줌을 움직인다
이따금 밀려오는 갈망이

나래를 펴고
먼 창공을 쓸어 담으며
인생이라 삶에
순간의 웃음이 떠나질 않는다.

여행 · 2

돌아보면

아쉬운 그늘이

삶을 매듭이듯

이정표로 서 있다

천년의 숨결이

꿈을 꾸며 그 자리에

졸고 있다

하루를 그날처럼

견뎌온 지친 어깨

보이지 않는 눈물로

식은땀이 그칠 줄 모른다.

이슬방울

청아한 꽃잎
얇게 펼쳐든
이슬방울
진한 향기는
숨겨두고

허기져 우는
벌거벗은 가지마다
촉촉한 입맞춤으로
아침을 열고 있다

높새바람의
앙칼진 눈매
부들부들
녹아내리는 이슬방울

이슬방울은
그렇게
햇살을 받아
수줍음으로 맺혀있다.

오늘과 내일

햇살이 반쯤
눈을 감고 침묵 속에
잠겨 있다

오늘
이제 시작하려는
발걸음을 옮겨가고 있는데
조급한 생각에 발길이 바빠진다

살갗에 다가오는
칼끝 같은 한기 속에
잠시 햇살 받아 피어난 한 떨기
꽃잎처럼

내일은
향기의 물결
가슴에서 믿음으로
단단히 채우고

흔들림 없는 세상
하얀 달빛 받으며
노래 부르리라
오늘과 내일의 노래를,

오늘도 달린다

희뿌연 안개 밭
아득한 이랑 사이로
오늘도 달린다

아무도 지나가지 않은
골목길을 지나
바람결을 등에 업고
가로수를 누비며
눈빛을 쏘아댄다

눈에 익지 않은 길도
코밑이 너무 바빠
흔한 말장난 말 한마디
건너지 못하고

그저 그렇게
초점 잃은 눈망울에
덧씌운 유리알로
초점을 맞추며

적막강산에
내 발자국으로
처음 흔적을 찍으며
그저 그런 내 인생에
끈질긴 고뇌를 심으려

후회 없는 길을
오늘도 달린다.

가야 한다

내 마음이 평안하게 머물 수 있는
그곳은 언제나 아름답다

울퉁불퉁한 신작로
깎아지른 벼랑
억세게 쏟아지는 소낙비
바위가 부서져라 두들기는 파도
그 험준한 길을 뚫어야
내가 희망하는 그곳에 갈 수 있다

도전할 수 있는 용기
그리고 인내할 수 있는 마음이
존재의 가치 척도를 알아
밝은 빛과 희망을
낚아챌 수 있는 그곳으로 갈 수 있다

그곳이 어디 있든
어떤 험난한 길이든
포기하지 말고 가야 한다

멀지 않은 장래에
나를 일으켜 세울 수 있는
삶의 길이 열릴 테니까.

소식

으슥한 밤에 내린
국지성 폭우에
강물이 넘치고
전답에 밀려들어
흉건하게 할퀴어 놓았다

차라리 눈을 감고
세월을 잊은 듯
들풀향기 따라
천년의 빛 소리를 찾아
파도소리가 서려있는 바닷가로
핸들을 돌리고 있다

그리운 사연
보고픔의 기다림
설레는 가슴을
바람 속에 맡기고
수평선 닿는 저 쪽

언덕의 풀밭에 앉아
노을의 신비로움을 낚는다.

무대

꿈이 익고
그리움이 익고
기다림의 사랑이
익어간다

무대 중앙을 수놓던
젊음이
외로운 날갯짓으로
고독한 웃음 되어
멀리 흩어지고

미움과 사랑은 마찰되어
광막한 벌판
선혈처럼 물들이는
자유의 혼이 깃들어
두 팔을 벌릴 때

생면부지의 사람도
너그럽게 받아주는

공간무대

선율이 흩어지는
가장 다가서고 싶었던
휘황찬란한 공간무대 위에서
잃어버린 젊음을 찾는다.

그리움은

새벽 종소리가
가슴을 찢는 아픔으로
살며시 멀어지더니
내 안에서 일어서는
당신의 모습

그리움은 물밀듯 가득 넘치고
즐거울 때나 슬플 때나
원망도 불신도
욕심도 질투도 없이
겸손이 미덕 더 큰 사랑으로
나누어 주던 손길

아는 능력만큼
나를 일깨워주고
교만과 나태는
슬픈 눈물을 가져올 뿐이라며
내 곁에서 토닥여주는
당신의 고운 향기

내가 길을 잘못 선택했을 때
몰래 꼬집어
바른길머리를 틀어주던 당신
당신이 두드리고
나도 두드릴 수 있는 풍금
울려지는 그날
그리움 가득 안고 찾아오리라.

하늘아래 첫 집

구룡의 나래가
한 올 한 올 벗겨져
언제나 푸른
아담한 골짜기를 만들었고

수반에 담긴
한 떨기 수련처럼
아름답게 앉아있네

지나가는 바람
뜬 구름도
목을 축이며
너스레를 풀어 놓는 곳

개망초 꽃에 앉은
벌과 나비는
한가로운 여유로
세월을 낚고

젊음이 꿈틀거리는
저 넓은 광야의 햇살도
조는 듯 슬그머니
서산마루에 걸린다.

금박산정

절경은 산수화처럼
젊음의 기개가
금박산 정상을 향해
소리치는 듯
굽이굽이 돌아오는
매미들의 합창

비껴 내린
작은 개울에
청개구리 부부가
사랑놀이를 하고

수천 년 다듬어온
이끼들의 반란은
어두운 자리를 밀치고
청산의 자태를
넌지시 들여 놓는데

파란 눈의 초점

하나 둘
불은 켜지고

금박산정을 달구는
한 가닥 여름바람.

환상

풍요의 가을
잔광이 이산 저산에
먼 빛 내려앉고
가슴 저린 잎새들
치장이 한창이다

어릴 때
가난해도 풍성했던 가슴이
가을비에 촉촉이 젖어
종일내리고 있다

기억 속에 묻어둔
가물거리는 추억이 일어나
맑은 가을하늘 담은 실개천에
둥둥 떠 있고

산 그림자에 앉은
바람은
오랜 그리움으로

허기를 느끼며

아직은 버리지 못할
너울을 좇아
어둠의 길을 벗어난다
가슴을 연다
가을햇살 한 자락을 잡고서.

눈물

합격이란
통지서에
심장이
찢어질듯
서럽고 막힌 마음
물방울 되어
빛으로 반짝이고

기쁨이란
소용돌이는
슬픔보다
간절함
적막이 되어
뜯긴 가슴에
흘러내린다.

구름 나그네

은하수에 어려 있는
흐린 초승달을
벗 삼아
눈을 돌리니
둥둥 떠가는
삶의 조각들이

우리가
거쳐 가야 할
삶의 정표처럼
구름 속에 잠겼다 나타나
한 땀 한 땀
삶의 조각을
기워낸다.

수직과 수평

바라본다

저 멀리
수평과 하늘이 수직으로
교차하는
그 점을

바람이
방향을 잃고
생각을 접은 듯

하지만
썰물 되어
와닿는
세월의 여울을
돌려세우지 못하고

삶이 바위에
파도는

철석, 철석
대못을 박고 있다

저 멀리
번져오는
붉은 점들의 반란이
날아오른다.

가마솥

천지 만상
모두
내 가슴으로
품을 수 있는
가마솥이 되리라

빈틈 하나 없이
정성스런 손길로
희망을 심어주는
가마솥이 되리라

하시라도
정성을 모아
꺼지지 않는
불씨로 데울 수 있는
가마솥이 되리라

샛강의 맑은 물소리처럼
산봉우리를 안고 있는

햇살처럼

투명한 눈이 되어
세상을 익혀내는
가마솥이 되리라.

숲속의 유혹

창세의 광장
누구도 밟지 않은 그 땅으로
눈부신 불빛의 유혹을
뿌리치며 달려왔다

침묵의 다리를 건너
물결 부서지는 강여울에서
허기를 달래며
꽃물결에 빠진 나를 돌아본다

물결 속에 허우적거리는
햇살이 미묘한 신비가
언 땅을 녹여
넓은 숲속을 만들고

진달래 향기들이
긴 띠를 이어
젊음을 노래하듯
봄나들이를 한다

먼 먼 세월을 돌아온
봄바람의 유희로
겨우내 찢겨진 가슴을
다듬질하며 숲 속
긴 미로를 여행한다.

공단로

닫혀있던 가슴들
단단한 실연기처럼
한줌 빛이 들어온다

찬바람에 밀리고 밀려도
뿌리 내리려는 야망의 빛은
굴뚝마다 굉음을 내고

빛이 반사되는 쪽마다
살아있는 눈빛으로 교감하며
손과 손이 묘미를 만들어낸다

찌그러진 면면마다
주름 펴지고
복사꽃 꽃무리처럼 밝은 얼굴

공단로 길마다 분주한 소리가
웃음으로 이어진다.

▌평설▐

시적 대상을 가슴으로 융해한 아름다움

-고원구 시인의 시 정신-

安在珍 (시인)

세계적인 문예비평가 가라타니 고진은 근대문학의 종언을 고찰하면서 한국문학의 쇠퇴에서 인식 가능을 실감했다고 기술했다. 물론 순수문학에 한정하여 진단한 내용은 아니지만 어찌되었든 문학의 위기를 인식한 논지는 분명하다. 그가 서문에서 밝힌바와 같이 현재 인류가 해결해야 할 과제는 전쟁과 환경문제, 세계적인 경제적 격차 등을 지적하면서 자연과 인간, 인간과 인간의 역사적 관계를 집약하는 사항에서 감지한 것이다.

그리고 문학이란 그 본질상 영구혁명 중인 사회의 주관성이라는 사르트르의 정의에서 출발하면 정치가 감당하지 못한 혁명적 핵심을 문학이 담당할 수 있어야 한다는 것이다. 쉽게 말하면 문학이 시대적 책임이나 역사 발전에 아무런 이바지를 하지 못하고 있다는 뜻이며, 그 사례를 한국문학에서 들고 있다는 사실이다. 하기야 그의 비평 논지가 꼭 문학적 입장에서 탐색한 것은 아니라고 스스로의 입장을 술회하였고 아울러 자신의 철학적 저작을 통해 밝혀왔고 미술, 연극, 건축, 영화, 등에 종사하는 친구들에게서 그 분야의 부정적 문제점을 심각하게 받아들였다는 것이다. 다만 그 스스로 항상 문학 현장에 있었음을 상기하며 학자적 관점에서 가능한 증거였다고 한다.

사실 한국 문단에서도 이를 걱정하는 기류가 적지 않다. 특히 근대문학의 성장기를 주도한 인사들의 심기가 편치 않은 듯하다. 즉, 한국문학의 맹점은 문인은 많으나, 문학이 없다는 비판이 이를 단적으로 표현하고 있는 것이다. 문인 단체 관계자가 추정한 통계에 의하면 현재 등록된 문인은 1만 명을 웃돈다고 했다. 그리고 등록을 거부한 채 창작활동을 하는 문인 또한 적지 않으니 실제 문사로 자처하는 숫자는 전체 국민의 0.02%를 웃돈다고 보아야 할 것이다. 그러다 보니 한 집 건너 한 사람씩 작가가 포진해 있다는 비아냥이 회자하고, 이렇듯 작가는 넘치는데 가슴을 뜨겁게 하거나 미래를 향한 작은 출구를 뚫지 못하는 그야말로 문학작품이 보이지 않는 공황시대라는 게 작금의 현실이다.

결국 문학이 감당해야 할 제반 사회적 역할이 몰락하고 있다는 것을 시사하는 것이라 생각하며 더는 문학이 현상적으로나 정신적으로 사회를 움직일 수 있는 시대가 아니라는 회의를 품게 한다. 그리고 이처럼 문학의 지위나 영향력이 희미해지고 있지만 깊이 고뇌하려는 성찰마저 확실하지 않고 작품을 대하는 태도 또한 치열하지 않다는 것이다.

고원구 시인은 근성이 있는 치열한 시인이다. 내가 알기에는 문단에 첫발을 디딘 지 이제 10여 년에 지나지 않는다. 생각하기에 따라 긴 세월일 수도 있지만 수십 년을 두고 한결같이 가슴을 앓아온 작가들에 비하면 절대 오랜 세월은 아니다. 그런데 간과할 수 없는 것은 그 짧은 세월에 이미 4권의 작품집을 세상에 내놓았다는 사실이다. 이번에 『구름 나그네』를 상재하면 5권이 되는데 비록 본격적인 활동기간은 그리 길지 않지만 그만큼 인생과 세상을 마주하며 아픔을 뜯어내고 진실에 다가서려는 고뇌와 열정은 어둠 속에서도 불꽃을 피우는 어떤 역동성을 느끼게 했다.

생각하고 또
생각한다
만나고
헤어지는 것과
내가
어디에 서 있든
어디로 가든
항상 함께한다는 것은
아름답다
기억하면서
남겨둘 수 있는
추억 한 권
우리 모두가
간직할 수 있고
더듬어
볼 수 있는 것은
인생의 의미와

삶의 진실을
추억하는 것이다

「노을진 언덕에서」 전문

시인은 자신을 도마 위에 올려놓고 세상을 보는 듯하다. 항상 자신과 불화하며 성찰하고, 성찰하고 나서는 사려 깊게 자신이 머물던 원초의 자리로 돌아온다. 「생각하고 또/ 생각한다」 첫 연처럼 그의 삶과 인생, 그가 생각하며 지켜보는 세계와 미래를 끊임없이 고뇌하고 있으며 그 고뇌는 곧 자신이 내딛는 발걸음과 불화한다는 뜻이 되겠다. 다시 말하면 현실과 이상의 불화일 것이다. "어디에 서 있든/어디로 가든 /항상 함께한다는 것은/아름답다"로 화의하게 되고, 그 화의는 그림을 그리듯 그의 가슴에 은밀히 짜 놓은 이상세계에 환치시키고 있다. 바로 마지막 연에서 제시하는 "인생의 의미와/ 삶의 진실을/ 추억하는 것"이라는 자신이 펴놓은 세계로 끌어들이는 시 세계를 엿볼 수 있다.

원래 시를 대하는 태도는 주제 설정이나 전개 방법에서 어떻게 고심하느냐 하는 문제로 완성도를 가늠한다. 현상 그대로 생각하고 느낀 바를 옮긴다면 굳이 문학이라 할 수 없을 것이다. 현상에서 보이지 않는 세계, 즉 세상 밖의 세상을 관조하고 탐색하는 작업이라 하겠다. 보편적이고 평이한 감정이나 느낌을 뛰어 넘어 시적인 느낌, 승화된 감동으로 환기하는 고통이 있어야 시라 할 것이다. 그래서 앞을 보는 것이 아니라 뒤를 보기도 하고, 옆을 보기도 하고, 위에서 내려다보거나 밑에서 올려다보고, 때로는 감추어진 미지의 가상까지 추적하는 마음의 눈과 영혼의 감정이 있어야 한다. 그렇게 보통사람이 접근할 수 없는 정제된 탐색 세계를 상징적인 정서와 언어로 다듬었을 때 비로소 창작이 될 것이다.

이런 의미에서 고원구 시인은 생각, 기억, 추억, 의미, 진실, 같은 정제된 시어를 선택하여 가슴을 앓아온 흔적을 엿볼 수 있다. 그리고 만나며, 헤어지고, 어디로 가고 하는 흔들리는 현실을 설정하면서도 끝내 인생의 의미와 삶의 진실이 있는 곳으로 조심스럽게 인도하고 있다. 그곳은 작가 자신이 설정한 오래전 고향 같은 곳이며 흔들리는 일상 속에서 항상 간직하고 추억한 곳이기도 하다.

아버지의 숨결이 느껴진다
내 곁에서
영 영 돌아오지 않을 거라 생각했던
짧은 나의 소심이 부끄럽다
반듯하게 쥐어볼 수 없었던 삽자루
사무실 옆 작은 텃밭을 일구며
아버지의 체취를 느낀다
자전거에 삽을 매달고
90평생 내 것도 아닌 들판 물길을 보시느라
이리 뛰고 저리 뛰던 모습이
내 가슴을 때리고 있다
한 삽 한 삽 흙을 뜰 때마다
아버지의 숨소리가 들려온다
이순을 훨씬 지난 지금에야
아버지의 잔잔한 인내를 알았으니

응어리가 가슴에 맺혀
눈시울이 뜨거워진다
병상에서 들었던 신음소리
내 어깨에 부축을 받으며 계단을 오르던
돌이켜보니 자식으로 부족했던가보다
세월은 3년이나 흘렀다
정성으로 상을 차려 속죄를 해야지
인자한 모습 잠시라도 성냄이 없었는데
무슨 삶이 가족을 그렇게 힘들게 하고
아버지를 힘들게 했는지
가난했지만 묵묵하셨던 아버지
그 분이 남기신 삽자루
이제 내가 잡고
온기를 느낀다.

「삽」 전문

얼핏 생각하면 산문적 기류가 감도는 작품이다. 전개하는 과정이 평이하고 설명적인 듯하지만, 서정적 리듬으로 살려내며 조리 있는 행간으로 조율하는 일은 쉽지 않다. 때문에 산문시라는 형식이 탄생하였고, 산문 같으면서도 시적 정서와 감흥을 승화시켜야 하는 고통이 있는 것이다.

어쩜 한 폭의 수채화를 감상하듯 아니면, 깊이 투영하지 않아도 쉽게 교감할 수 있는 수필을 음미하듯 잔잔하게 끌고 가는 시적 영상을 접할 수 있어 가슴을 촉촉하게 적신다.

90평생 내 것도 아닌 들판에서 온몸으로 물길을 보시던 아버지의 손때 묻은 삽을 잡고 사무실 옆 텃밭을 일구는 작가의 심중 노래가 먼 종소리처럼 은은하다. 자전거에 삽을 매달고 남의 땅에 물길을 터주던 아버지의 노동과 인내를 그때는 몰랐지만, 이순을 넘기고 나서야 비로소 가슴에 응어리로 뜨거워지는 화자의 정감이 뜨겁게 느껴진다. 이어 아버지의 병상 신음과 어깨를 부축하며 병원 계단을 오르내리던 추억까지 연상하고 끝내 자신이 아버지가 쥐었던 삽자루를 잡아야 했던 마무리는 시사하는 바가 크다. 작가의 정확한 의도는 알 수 없지만 남의 논에 물길을 잡아주던 아버지의 희생과 봉사 그리고 지칠 줄 모르는 인내가 인간이 지녀야 할 바람직한 본질임을 인지하였기에 화자 자신이 따뜻한 마음으로 아버지의 인간적 손때가 스며있는 그 삽자루를 잡게 되는 것이다. 이를 좀 더 비약하면 사회와 자연의 순리에 다가서는 것이 곧 진정한 인간정신임을 암시하고 있는지 모른다.

사실 시작에는 어떤 형식이나 특별한 정형이 있는 것은 아니다. 조금 산만하고 짜임이나 리듬이 미진하다고 해서 시가 아니라고 비판할 일은 아니다. 정서적 감흥으로 독자의 심금을 흔들고 꿈을 꾸게 한다면 바로 시작이라 할 수 있고 문학이라 해야 할 것이다.

천지만상
모두를
내 가슴으로
품을 수 있는
가마솥이 되리라

빈틈 하나 없이
정성스런 손질로
희망을 심어주는
가마솥이 되리라

하시라도
정성을 모아
꺼지지 않는
불씨로 데울 수 있는
가마솥이 되리라

샛강의
맑은 물소리처럼
산 봉오리를 안고 있는
햇살처럼

투명한 눈이 되어
세상을 익혀내는
가마솥이 되리라

「가마솥」 전문

시인의 눈이 무척 맑고 가슴은 따뜻하다. 만상을 응시하는 가운데 흐트러진 일상세계를 사유하면서 무섭도록 분노하고 치를 떨지만, 종국에는 스스로를 다잡아 차분한 자리로 돌아오는 정취가 있다. 그건 습관처럼 성찰하면서 자신을 다듬는 그만의 정신세계라 하겠다. 천지만상을 품을 수 있는, 희망을 심어주는, 불씨로 데울 수 있는, 맑은 물소리처럼 투명한 눈(혹은 가슴일 수 있다)이 되어 세상을 따뜻하게 익혀내는 가마솥이 되리라는 다짐이다. 그러니까 가마솥은 곧 작가의 심정이며, 그 심정에서 보고 생각한 모든 것들을 따뜻하게 맞이하고 세상 것으로 만들겠다는 미적 승화로 처리하고 있다.

그뿐만 아니라, 초고를 받아 읽은 작품의 대부분이 그런 온기를 느끼게 했다.

"희망이 넘치고/ 젊음이 넘치는/ 푸른 봄빛의 향기를"(푸른 봄빛 일부)에서나 "작은 곳에서/ 커다란 보람이/ 피어날 수 있게/ 정성을 다하여 맞아들이자"(봄맞이) 일부, 그리고 "어느 사이 어둠이 밀려오는/ 길목에서/ 네온 불빛에 흔들리는 그림자를 따라/ 발걸음은 사뿐사뿐/ 행복한 길을 걷는다"(봄날에는) 일부, "너울은/ 잔잔하게 일렁이고 있었지/ 내 따뜻한/ 가슴을 향하여"(화진포에서) 일부 "하늘처럼 맑은 얼굴/ 마른 입술로/ 넌지시 하시던 말씀/ 나보다 상대를/ 나를 사랑하듯/ 더 사랑하라던 말씀/ 귀에 쟁쟁 거리네요"(어머니) 일부 "서로 마음 나누며/ 환하게/ 웃음 짓는 집"(사랑의 집) 일부, "불어도/ 날리지 않고/ 꽉 잡아도/ 깨어지지 않는/ 커다란/ 축복으로/ 안겨 온/ 내 사랑/ 미소 짓는/ 반야처럼/청정한/ 맑음이어라"(내 곁에서) 일부가 그렇다.

문학이 허구와 가상을 통해 이상세계를 유추하는 것이라면 모더니즘 입장에서 볼 때 긍정, 전통, 회귀, 같은 전개는 의문을 제기할 수 있지만, 결코 시비의 대상이 될 수는 없다. 모든 예술 장르가 그러하듯 광의적으로는 문학 또한 미적 탐구라 할 수 있기 때문이다. 그런 의미에서 긍정적 사고는 어떤 감성보다 그 같은 영역에 다가설 수 있는 정신작용이라 생각한다. 시인이 가진 한결 같은 긍정적 힘이 그의 시적 기반이라 생각할 수 있으며 그만의 장점이기도 하다.

주인은 휴가 중인데
대문 밖 백일홍
여름 햇살에
부끄러운 듯
눈을 뜨네
해맑은 눈망울마다
하얀 춘설에
숨어 웃듯
소리 없이
풀어내는
향기가 맑다

「춘설」 전문

서정시에서 느끼는 정형을 보는 듯하다. 직설적 시각에서 펼치는 안이한 사유쯤으로 오해할 수 있으나 이처럼 쉽게 전개하여 흥미를 끌어낸다는 것은 더욱 어려운 일이다. 우리가 소월의 시에서 한국적 시혼을 느끼며 애송하는 이유는 직설적이지만 서정적인 시정 때문이라 할 수 있다. 사실 「진달래꽃」이나 「산유화」, 「접동새」 같은 그의 대표작은 현재 통용되고 있는 시론으로 분석했을 때 많은 의문을 제기하게 된다. 마찬가지로 고원구 시인의 「춘설」 또한 시적 완성에 고개를 갸웃거릴 수 있다.

하지만 우리의 근대문학은 서구적 비평에 의존하여 서구문학의 지류로 보는 견해가 있는 것처럼 우리의 정체성, 우리의 정서가 불씨처럼 민중의 가슴 기저에 스며있기 때문에 소월을 비롯한 서정 시인의 작품이 여전히 심금을 울리는 우리의 시로 자리 잡고 있는 것이다.

> 창밖에 비춰지는/ 나무 그림자처럼/ 지워도 또 지워도/ 지울 수 없는/ 인연이라는 자락/ 바람처럼/ 소리 없이 찾아와/ 귓가를 흔들어/ 인연이란 게/ 가슴으로 울고 있다
>
> 「인연의 자락」 일부

> 짙은 봄기운은/ 산 능선에 걸려/ 피를 토하고/ 앙다문 입술은/ 실눈 틔우며/ 얼어터진 주름을 펴
>
> 「사랑의 손」 일부

> 산 그림자에 앉은/ 바람은/ 오랜 그리움으로/ 허기를 느끼며
>
> 「환상」 일부

시인의 작품 속에는 이처럼 서정시에 요구되는 장점이 여러 대목에서 엿볼 수 있다. 늦은 봄, 막 햇빛이 쏟아지는 풀밭에 눈물 같은 이슬방울이 맺혀있고, 그 이슬에 햇살이 스며들어 여러 빛깔로 투영되어 반짝이듯 누구나 맞이하고 생각할 수 있는 일상과 감정을 별다른 꾸밈없이 풀어내는 시정은 눈을 감고도 연상할 수 있는 잘 짜인 풍경 같은 것이다. 그렇다고 특별히 의식한 구도나

감정이입은 없다. 그의 일상에서 필연적으로 마주하는 자연 상태, 아버지, 어머니와 부인, 이웃과 친구 등에서 지켜본 사랑과 아픔을 번뇌하고 측은해하며 감정을 승화시킨 시적 영상일 뿐이다. 그리고 모든 대상을 멀리서 바라보며 사랑하거나 비판하는 것이 아니라 모든 실체를 스스로의 가슴으로 끌어들여 융해하고 나서 자신의 고백으로 풀어내는 점이 돋보인다.

아무튼 시인의 치열한 시적 열망에 박수를 보내며 더 깊은 사유로 독자의 마음을 흔들 수 있는 더 높은 다음 작품을 기대한다.